BEI GRIN MACHT SICH IHR WISSEN BEZAHLT

- Wir veröffentlichen Ihre Hausarbeit,
  Bachelor- und Masterarbeit

- Ihr eigenes eBook und Buch -
  weltweit in allen wichtigen Shops

- Verdienen Sie an jedem Verkauf

Jetzt bei www.GRIN.com hochladen und kostenlos publizieren

Bibliografische Information der Deutschen Nationalbibliothek:

Die Deutsche Bibliothek verzeichnet diese Publikation in der Deutschen National-
bibliografie; detaillierte bibliografische Daten sind im Internet über http://dnb.d-
nb.de/ abrufbar.

Impressum:

Copyright © 2008 GRIN Verlag, Open Publishing GmbH
Druck und Bindung: Books on Demand GmbH, Norderstedt Germany
ISBN: 9783656479857

Dieses Buch bei GRIN:

http://www.grin.com/de/e-book/118589/josef-redings-generalvertreter-ellebracht-
begeht-fahrerflucht

Dietmar Mehrens

Josef Redings "Generalvertreter Ellebracht begeht Fahrerflucht"

Interpretation und didaktische Anmerkungen für den Deutschunterricht

GRIN Verlag

Dietmar Mehrens

Der Stern und das Kreuz

Interpretation von Josef Redings Kurzgeschichte „Generalvertreter Ellebracht begeht Fahrerflucht" mit didaktischen Anmerkungen für den Deutschunterricht

Universität Nanjing
Fachbereich Auslandsstudien
Institut für Deutsche Philologie
2008

Die Kurzgeschichte „Generalvertreter Ellebracht begeht Fahrerflucht" von Josef Reding **thematisiert/behandelt** einen Fall von Fahrerflucht. Die Hauptfigur, ein angesehener Generalvertreter namens Ellebracht, wird noch während der Weiterfahrt nach dem von ihm verursachten Unfall von seinen zunehmenden Gewissensbissen dazu bewogen, zum Ort des Geschehens zurückzukehren, um dem Opfer, einem von ihm angefahrenen Radfahrer, zu helfen.

Hauptbeobachtungen:

Erzählmodus, wichtige Stilmittel, Durchführung des Themas

Gruppieren: Belege sammeln

Deutung: innerer Konflikt, Unmittelbarkeit

Die eigentlich in der dritten Person (Er-Erzähler) erzählte Geschichte gewährt tiefe Einblicke in die Gedankenwelt **der Hauptfigur/des Protagonisten.** Der Autor **bedient sich** dazu vor allem des Stilmittels des inneren Monologs. Abgerissene Sätze, kurze Parataxen und grammatisch unvollständige Sätze (Ellipsen) **enthüllen/offenbaren/veranschaulichen** Ellebrachts seelische Verfassung, **erkennbar z.B.** in folgenden Sätzen: „Fehlte grade noch! dachte Ellebracht. Fehlte grade noch, dass ich nun wegen einer so geringen Sache [...]" (Z. 10). „Und was dann? [...] Und mit dem neuen Haus? Und was sagt Ursula [...]?" (Z. 33-34). In diesen Beispielen **verstärken/unterstreichen/intensivieren** Anaphern, kombiniert mit Parallelismen, **den Eindruck** großer Unruhe, den die Hauptfigur nach dem Vorfall **macht/erweckt.** Durch die **Verbindung/Verknüpfung** des inneren Monologs **mit** solchen Stilmitteln wird eine Unmittelbarkeit des Erzählten **erreicht/erzielt,** die den Leser in große Nähe zu den **geschilderten** Ereignissen bringt. Er **wird** gewissermaßen **in** die schwierige Lage des Protagonisten direkt **hineinversetzt.** Durch den inneren Monolog der Hauptfigur erfährt der Leser auch, was zuvor geschehen ist und Ellebracht in diese Gewissensnot gebracht hat. Denn gleich zu Beginn der Erzählung wird der Leser in die Gedankenwelt Ellebrachts **versetzt,** da dieser sich mit der „neuen Breite" (Z. 1) des neuen Wagens für einen Fehler zu rechtfertigen versucht, der später als Unfallursache **erkennbar wird.** Ellebracht **trägt im Verlauf der Geschichte** einen inneren Konflikt **aus,** einen Konflikt zwischen Gewissen und Egoismus.

In diesem Duell argumentiert Ellebrachts Egoismus mit dem gesellschaftlichen Ruf, dem beruflichen Erfolg und schließlich auch mit der Familie (vgl. Z. 24-36). Aber auch Ellebrachts Gewissen ist von Anfang an aktiv. Denn es kontrolliert seine physischen Reaktionen: Er ist nervös, verwirrt und unruhig. Besonders **auffällig** ist **in diesem Zusammenhang** das Wortspiel mit der Wortfamilie „Schweiß"/„schwitzen":

Detailbeobachtung 1: Wortfamilie „Schweiß" (Leitmotiv)

Gruppieren der Beobachtungen (alle Belege zu einer Gruppe sammeln)

Deutung der Beobachtung: Stress, Angst

Gleich zu Beginn **wird** das ungewöhnliche Adjektiv „schweißig" drei Mal kurz hintereinander **verwendet** (Z. 3-4). Der Pleonasmus verstärkt den Eindruck von „Angst" (Z. 4) und Stress. Die Wortfamilie **wird eingesetzt,** um die inhaltliche Aussage: „Ellebracht ist nervös, gestresst" zu **intensivieren.** Ellebrachts Nervosität **überträgt sich** so gewissermaßen **auf** den Leser. Die Wortfamilie **durchzieht** die Geschichte als Leitmotiv. In der zweiten Hälfte „stöhnt" und „schwitzt" Ellebracht (Z. 54); am Ende ist er nur noch „der Schwitzende" (vgl. Z. 59, 65), d.h., das Schwitzen ist so stark, dass es zum **Synonym für** Ellebracht wird.

Detailbeobachtung 2:

physische Reaktionen der Hauptfigur

Gruppieren: Sinneseindrücke, Fahrverhalten

Deutung: Stress, Anspannung, Fluchtverhalten

Ähnlich zu **deuten,** also **als** Stress- und Angstsymptome, sind seine negativen Reaktionen auf verschiedene Sinneseindrücke: Ellebracht wird gepeinigt durch ein „hohes Heulen", „zerrissene Lichtreflexe", ein „hässliches" Knirschen und

„einen üblen Geschmack auf der Zunge" (Z. 13-17), er „zuckt" wegen eines Schillerns „zusammen", das „das Licht der Signalampel" noch verstärkt (Z. 53), und „eine grelle Hupe schmerzt" (Z. 67). Seine Überempfindlichkeit gegenüber allen möglichen Sinneseindrücken **ist** ebenso **Ausdruck** seiner angespannten Gemütslage wie sein aggressives und ungeduldiges Fahrverhalten, bei dem der „Wagen nach vorn schießt", nachdem der „Schalthebel in den dritten Gang hineingestoßen" und „die Kupplung zu nachlässig betätigt" wurde. **Gleichzeitig/Zugleich/Zudem/Außerdem/Überdies** unterstreicht sein Fahrstil sein Fluchtverhalten. Er möchte nur schnell nach Hause. Doch dann meldet sich Ellebrachts Gewissen.

Detailbeobachtung 3: Gewissensbisse
Wiederaufnahme 1: rhetorische Figuren
Deutung: Unmittelbarkeit, Vorbereitung des Wendepunktes

Die Gewissensbisse des Generalvertreters werden auf dieselbe Weise dargestellt wie vorher seine egoistischen Gedanken. So heißt es **beispielsweise/z.B./etwa** in Zeile 40: „Und wann ist der Mann mit dem Fahrrad bei seiner Familie? Der Mann, der mit ausgebreiteten Armen wie ein Kreuz am Straßenrand gelegen hat? Der Mann, der nur ein wenig den Kopf herumdrehte [...]?" Auch hier **drückt sich** Ellebrachts Unruhe **darin aus, dass** Sätze elliptisch sind und Wörter tautologisch wiederholt werden (drei Mal „der Mann"). Die unbequemen Fragen sind **als Klimax angeordnet**. Sie steigern sich bis zu dem nachdrücklichen, bohrenden Vorwurf: „Du, wann ist dieser Mann bei seiner Familie?" (Z. 43-44; entsprechend Z. 46-47 mit dem Begriff „Kreuz"). Anaphern und Parallelismen **markieren** Ellebrachts Gedankengang und **machen** den Prozess **nachvollziehbar**, an dessen Ende die Umkehr des Protagonisten steht. Der Leser kann direkt miterleben, wie in parallelen, assoziativen Satzstrukturen Schuldgedanken in Ellebracht aufkommen und wachsen. Sie bereiten den Wendepunkt, die Entscheidung in dem Konflikt, vor: Ellebrachts moralische Wende, die wenig später durch das Kreuz-Symbol an seinem Wagen ausgelöst wird.

Detailbeobachtung 4: Kreuz-Symbol
Gruppieren: Textpassagen mit Kreuz-Bezug
Deutung: Symbol für Schuld, religiöse Deutung, Richtungswechsel, Umkehr

Dem Kreuz **kommt** in dem Text besondere Bedeutung **zu**. Denn der Anblick des Kreuzes führt dazu, dass Ellebracht schließlich zum Unfallort zurückfährt. **Auf der Inhaltsebene** handelt es sich bei dem „Firmenzeichen auf der Kühlerhaube" (Z. 49) offenbar um einen durch den Unfall verdrehten Mercedes-Stern (der Vertreter fährt laut Zeile 21 einen „Straßenkreuzer", womit eine Mercedes-Limousine gemeint sein könnte). Obwohl der Mercedes-Stern eigentlich eine ganz andere Bedeutung hat und Reichtum und Luxus **symbolisiert**, sieht Ellebracht wegen seiner Schuld darin ein blutiges Kreuz (vgl. Z. 68), das **für** die Schuld des Generalvertreters **steht**. Der Generalvertreter ist die Ursache für den Unfall, dessen blutendes Opfer wie ein „menschliches Kreuz" da liegt (Z. 76). Es gibt also eigentlich zwei Kreuze, die durch Ellebrachts Schuld miteinander verbunden sind: eines auf der Motorhaube (vgl. Z. 47) und eben jenes „menschliche Kreuz". Und beide sind durch Ellebracht beschädigt worden. Der Stern auf der Motorhaube des Wagens ist „verbogen" (Z. 50) wie der Charakter des Generalvertreters, der sich falsch entschieden hat. Als christliches Symbol steht das blutige Kreuz **darüber hinaus** für die Sühne und Vergebung von Schuld, nachdem der Sünder sie bereut hat und von seinem verkehrten Weg umgekehrt ist. Aber nicht nur die christliche Bedeutung einer Umkehr (im Sinne einer Buße im biblischen Sinn) kann **mit** dem Kreuz **verbunden/assoziiert werden**. Auch für einen nicht-religiösen Leser **erschließt sich** die **symbolische** Bedeutung des Kreuzes: als Zusammentreffen zweier Wege mit unterschiedlichen Richtungen wie bei dem sinnverwandten Wort „Kreuzung". Auch Ellebracht steht mit seinem Auto an einer Kreuzung. Die Ampel steht symbolisch auf Rot, als sollte Ellebracht durch eine höhere Gewalt vor einem falschen Weg gewarnt werden. Ellebracht hat Zeit zum Nachdenken und kann entscheiden, ob er seine Richtung ändern will oder nicht. Das „Grün" der Ampel (Z. 58) scheint

3

dann den Weg für die Fahrerflucht endgültig frei zu machen. Doch Ellebracht kehrt um.

Detailbeobachtung 5: *verändertes physisches Verhalten* *Wiederaufnahme 2: Zusammenhang mit „schwitzen"* *Deutung: Befreiung, Erlösung*	Der Moment, in dem Ellebracht seinen Straßenkreuzer wendet, ist nicht nur der Sieg seines Gewissens über die Unmoral. Er ist auch eine Befreiung von seinem quälenden Schuldgefühl. Das zeigen die Festigkeit, mit der er das Lenkrad umgreift, die Leichtigkeit, mit der er das Wendemanöver durchführt, und das hohe

Fahrtempo, mit dem er „die Straße zurückjagt" (Z. 71). Plötzlich schwitzt er auch nicht mehr; seine Hände sind „trocken" (Z. 70). Diese physische Reaktion unterstreicht das Befreiende und Erlösende seiner Umkehr, die zugleich eine Abkehr vom Bösen ist.

Wiederaufnahme 3: *Umkehr („Kreuz")* *Deutung: Rückkehr der Moral*	Dass Ellebracht eine fast schon religiöse „Umkehr" im christlichen Sinne vollzieht, **bestätigt** auch das Ende, in dem das Zurückkommen in doppelter Weise zu verstehen ist (**Ambiguität**). Ellebracht ist **nicht nur** zu dem Opfer zurückgekommen (er benutzt den Ausdruck eigentlich, um den Verletzten darüber aufzuklären, dass er nicht angehalten hat),

sondern es ist **zugleich** die Rückkehr der Moral, die in diesem Ende einen Triumph feiert, einen Triumph, dem vermutlich ein Mensch sein Leben und mit Sicherheit ein anderer, nämlich Generalvertreter Ellebracht, die Wiederherstellung seiner Ehre, seiner Selbstachtung und seines Seelenfriedens verdankt.

Schluss: *Moral der Geschichte bzw. Intention des Autors formulieren*	Ellebracht wird damit zu einem moralischen Beispiel und Vorbild für andere und Redings Geschichte zu einer Geschichte mit Moral. Ellebrachts Beispiel verdeutlicht zweierlei: zum einen, dass, wer einen Fehler macht oder schuldig wird, dafür auch die Verantwortung zu tragen hat,

und zweitens, dass es die Möglichkeit zur Umkehr gibt, auch wenn man zunächst die falsche Richtung eingeschlagen hat.

4